AF363805

ÉLOGE

CIVIQUE ET FUNÈBRE

D'HONORÉ RIQUETTI,

MIRABEAU,

PRONONCÉ PAR UN MEMBRE

DE

LA SOCIÉTÉ FRATERNELLE,

Séante aux Jacobins, rue Saint-Honoré,

DANS SA SÉANCE

DU 10 AVRIL DE L'AN II.

A PARIS,

CHEZ THOMAS TRASSEUX,

Imprimeur, Place Dauphine, N°. 31.

1791.

ÉLOGE

CIVIQUE ET FUNÈBRE

D'HONORÉ RIQUETTI,

MIRABEAU,

Prononcé par un membre de la Société fraternelle, séante aux Jacobins, rue Saint-Honoré, dans sa séance du 10 Avril de l'an II.

FRÈRES ET SŒURS,

Sous le règne affreux du despotisme, on a vu des orateurs prostituer leurs talens à la louange des plus vils esclaves. Un grand-homme de guerre payoit-il tribut à la mort, les ministres du dieu de paix venoient souiller les temples de l'éloge profane du meurtre et du carnage ; ils venoient insulter à l'humanité, en célébrant sans pudeur les ministres sanguinaires de l'ambition des rois. Bossuet, Fléchier ont osé louer publiquement les généraux du plus abominable des despotes, de ce roi féroce, de ce Louis XIV, qui ne s'est fait appeller *grand*, qu'à force de crimes et de forfaits.

Mais ces tems ont disparu; ce siècle de fer a fait place au siècle de la philosophie. Ce n'est plus dans l'art d'assassiner les hommes, que le Français régénéré place la gloire et le véritable honneur; ce n'est plus un maître, ce ne sont plus des esclaves, à qui nous décernerons désormais les honneurs de l'immortalité: le Français est libre; il ne reconnoît de maître que la loi; d'esclaves, que les malheureux qui végètent hors des limites de la république. Pour mériter sa reconnoissance, il faut avoir combattu le despotisme; et quand on l'a fait avec autant d'énergie qu'Honoré Riquetti Mirabeau, non seulement on doit trouver place parmi les annales de la liberté conquise, non seulement on peut prétendre à l'immortalité, mais on doit encore exciter les regrets de tous les amis de la patrie; et l'on mérite bien qu'ils se rassemblent, non pour entendre les phrases oratoires d'un faiseur de panégyrique, mais pour se retracer rapidement les actions d'un illustre citoyen, verser en commun des larmes sur sa tombe, et jurer de n'employer sa portion de force et de talens, que pour maintenir le saint ouvrage de l'un des fondateurs de la liberté.

A l'époque de la naissance de Mirabeau, la

nature étoit en deuil; le crêpe de la désolation couvroit toute la surface du globe ; l'humanité étoit aux fers : cet empire même, devenu le berceau de la liberté du monde , cet empire n'étoit qu'une vaste prison d'état, présidée par un chef dissolu , surveillée par des geoliers insatiables d'or et de sang. Le souverain n'étoit plus connu que sous le nom infamant de *tiers-état*, et c'étoit lui qui étoit prisonnier ; prisonnier , chargé de toutes les chaînes de la féodalité , de l'aristocratie et du despotisme : ses geoliers ! c'étoient ces deux ordres privilégiés , habitués depuis des siècles à s'engraisser de notre substance : et c'est dans cette classe que Mirabeau eut le malheur de naître ! Quel obstacle au développement de ses vertus publiques !

Il naquit, doué d'une de ces ames ardentes et fières , d'un de ces génies immenses qui saisissent l'ensemble des connoissances humaines , et prouvent, à l'honneur de l'humanité , qu'il est une cause première , un être suprême , un dieu créateur et tout-puissant ; seul capable d'opérer un ouvrage aussi parfait , un ouvrage qu'il seroit ridicule d'attribuer aux simples combinaisons du hasard. Oui, mes Frères, s'il venoit ici un impie, un athée , me nier l'existence d'un Dieu, je lui répondrois : Eh! misérable, rappelle-toi donc que Mirabeau a vécu !

Il semble que la naissance de ce grand-homme eut épouvanté le despotisme. Mirabeau eut à peine laissé échapper quelques étincelles de son génie, que la cour de Louis XV pâlit ; les ministres crurent appercevoir en lui le précurseur de la liberté ; et, semblables au roi Hérode, qui fit égorger tous les enfans d'Israël, pour étouffer dans son berceau le rédempteur du monde, les ministres de Louis XV firent enfermer Mirabeau dans leurs infames bastilles, pour se défaire en lui du rédempteur de la France. Et qu'on ne dise pas qu'il n'a dû ces honorables détentions qu'aux écarts d'une petulante jeunesse, d'une imagination, toujours difficile à contenir, quand elle est grande ; non, Mirabeau étoit de cette classe où tous les crimes étoient permis, où les plus grands forfaits se rachetoient par *la naissance* et *la bassesse ;* de cette classe où des incendiaires, des ravisseurs, des meurtriers savoient échapper à la justice, toujours partiale envers ceux-là qu'on appelloit grands ; et si Mirabeau a été dix fois enfermé dans des cachots, ce ne fut jamais que pour n'avoir pas su réprimer son noble, son irrésistible penchant vers la liberté.

L'expatriation fut le seul remède offert à Mirabeau contre la haine active de la cour. Il se soumit à un ostracisme volontaire, et se réfugia dans les états d'un autre despote, mais d'un despote philosophe , d'un despote qui accueilloit les grands génies, d'un despote qui eût été honnête-homme et philantrope , s'il n'eût pas été roi.

Mirabeau vivoit en Prusse ; il y méditoit sur la révolution d'Amérique, sur les causes qui devoienr en produire une en France. Nous, peuples , nous gémissions sous le poids des impôts, et victimes des déprédations scandaleuses de la cour ; les taxes s'accumuloient de jour en jour ; des emprunts étoient ouverts de toutes parts ; l'odieuse fiscalité épuisoit ses infames ressources; enfin le terme de la banqueroute approchoit, et le *royaume* étoit menacé d'une subversion totale. La cour, aux abois, se voit forcée d'appeller les états - généraux : à ce mot, les esprits se réveillent, l'énergie des Francs s'électrice. Mirabeau , qui avoit vu l'heure du réveil prête à sonner, étoit rentré en France ; la Provence, oui, la Provence, c'est-à-dire , le *tiers-état* de cette partie de l'empire, la Provence le députe aux états-généraux.

Six cents *représentans* de la nation se rendent à Versailles ; six cents *députés* des *ordres* chéris de la cour, s'y présentent également : une grande question est d'abord agitée , celle de la vérification des pouvoirs : les représentans du peuple déclarent qu'il faut les vérifier en commun ; les nobles et les prêtres soutiennent qu'on doit vérifier séparément. La sublime, l'active inertie des communes en impose; Mirabeau représente que c'est de cette question que dépend le salut public ; et comme le salut public ne peut s'opérer, qu'au détriment du despotisme, la cour se coalise avec *sa* noblesse et *son* clergé, et l'on ose tenir une *séance royale* parmi les représentans d'un grand peuple ; on ose insulter à la majesté de ce même peuple, au point d'*ordonner* à ses représentans de vérifier séparément ; c'est-àdire, de reconnoître la nullité de la nation, en la soumettant au vœu du clergé et de la noblesse. Après ce message honteux, le clergé se retire, la noblesse se retire, mais les communes restent. Un envoyé de la cour, un sieur Brezé, vient dire que le roi *veut* que l'assemblée se sépare. La salle étoit entourée de bayonnettes, du foudre et de tout l'attirail de la guerre ; la soldatesque allemande étoit prête à lancer mille morts ; les représentans du peuple se regardent ; ils étoient mornes et silencieux ; l'indignation, l'amour de la patrie, étoient peints sur leur front : Mirabeau interprète cet expressif, ce sublime silence, et il dit à l'envoyé : « Allez, reportez *à votre maître* que nous » sommes ici par le peuple, et que nous n'en » sortirons que par les bayonnettes ».

Et ces paroles ont été sues de toute la France; et l'on s'est permis de dire que Mirabeau étoit un lâche. Mais vous, méprisables spadassins, qui l'avez calomnié, dites-moi, savez-vous en quoi consiste la lâcheté? la lâcheté n'est rien autre que le cruel usage de la force pour opprimer le foible. Or je vous demande, si Mirabeau, si les représentans du souverain étoient en force, quand ils ont couvert de leur mépris l'imbécille messager du despote? et Mirabeau, qui osa porter la parole, ne devoit-il pas s'attendre à périr le lendemain, martyr et victime de son énergie? Vous croyez, vous autres animaux féroces, qu'un homme a du courage, *quand il sait bien se battre*; vous croyez que l'homme utile à sa patrie est un lâche, parce qu'il refuse de se laisser égorger, parce qu'il préfère la loi, à un usage barbare, parce qu'il préfère le salut de vingt-cinq millions d'hommes à l'honneur honteux de l'assassinat; détrompez-vous; ce que vous appellez courage, c'est l'instinct de tous les animaux : le lion, la pantherre se battent aussi courageusement que vous; mais la brebis timide ne défie pas le loup, quand elle est sous sa dent meurtrière; si elle le faisoit, ce seroit là un acte héroïque, et c'est ce qu'a fait Mirabeau, député des communes, en renvoyant Brezé vers son maître.

Mes frères, mes concitoyens, que le tems ne nous permet-il de nous étendre sur cette époque du 23 Juin, époque à jamais mémorable, époque

qui décida du sort de la France ! nous verrions
que c'est ce jour même que le despotisme exhala
son dernier soupir : la majesté des représentans
de la nation lui en avoit imposé ; honteux de sa
laideur, il n'osa plus reparoître devant eux : ces
seules paroles de Mirabeau l'ont à jamais ter-
rassé, et le monstre a disparu d'une terre libre.

On se rappelle avec plaisir cette adresse au
roi, du 9 Juillet suivant ; le lecteur y retrouve la
touche vigoureuse de Mirabeau : « Ne croyez
» pas, dit-il, ceux qui vous parlent légèrement
» de la nation, et qui ne savent vous la représen-
» ter que selon leurs vues, tantôt insolente, ré-
» belle, séditieuse ; tantôt soumise, docile au
» joug, prompte à courber la tête pour le rece-
» voir : ces deux tableaux sont également infidè-
» les. Nous sommes, ajoute-t-il, prêts à résister
» à tous les commandemens arbitraires ; notre
» fidélité même nous ordonne cette résistance,
» et nous nous honorerons toujours de mériter
» les reproches que notre fermeté nous attire...»

Et cependant, mes Frères, c'étoit à un roi
absolu que Mirabeau tenoit ce langage ; c'étoit
dans ces jours d'horreurs qui ont précédé l'au-
rore de la liberté ; c'étoit au milieu d'une armée,
qui n'avoit jamais su qu'obéir à *son maître* ; c'é-
toit peu d'instans avant la prise de la Bastille ; en
ces tems malheureux, où la France étoit encore

dans la plus entière abjection ; en ces tems, où le voile de la terreur étoit encore sur tous les yeux : d'autres en eussent timidement levé un coin ; Mirabeau l'a arraché tout entier : trois jours après, les donjons, leurs satellites n'étoient plus.

Rappellons-nous ce ton imposant, ce ton de noblesse qu'il indiquoit à une autre députation qui se rendoit également chez le roi : « Dites-lui » que les hordes étrangères, dont nous sommes » investis, ont reçu hier la visite des princes, » des princesses, des favoris, des favorites ; et » leurs caresses, et leurs exhortations, et leurs » présens ; dites-lui, que toute la nuit, ces sa- » tellites étrangers, gorgés d'or et de vin, ont » prédit, dans leurs chants impies, l'asservisse- » ment de la France, et que leurs vœux brutaux » invoquoient la destruction de l'assemblée na- » tionale ; dites-lui, que dans son palais même, » les courtisans ont mêlé leurs danses au son de » cette musique barbare, et que telle fut l'avant- » scène de la Saint-Barthélemi. »

Mais je sens que je m'abandonne à des détails qui nous mèneroient trop loin. Le vaste génie de Mirabeau a tellement influé sur la constitution, que pour faire complettement l'histoire de sa vie, il faudroit aussi faire celle de la liberté française ; et cet ouvrage ne peut être que le fruit des recherches et des méditations de plusieurs années. Nous laisserons donc aux historiens le soin de retracer tous les grands événemens qui ont eu lieu depuis le 24 Juin 1789, jusqu'à l'année 1790 ; je ne parlerai, ni des détails miraculeux de la prise de cette forteresse honteuse, ni de ceux qui ont accompagné les deux grandes journées des 5 et 6 Octobre, ni des efforts de Mirabeau pour combattre et vaincre le clergé : ces faits sont à la connoissance de tout le monde, et chacun sait quelle portion de gratitude il doit au député de Provence, pour la conduite héroïque et magnanime qu'il a tenue dans ces grandes circonstances. Mais ce que bien des citoyens ignorent, c'est que non seulement Mirabeau étoit le premier publiciste de l'Europe ; Mirabeau étoit encore un de ces philantropes humains et sensibles, qui s'intéressent à tous les êtres, dès qu'ils sont hommes, sans s'inquiéter ni de leur patrie, ni de leur nom, ni de leur couleur. Il existe, à Paris, une société des Amis des Noirs ; Mirabeau en étoit membre. La société des Amis des Noirs s'est courageusement dévouée à la défense des droits de ces malheureux habitans de nos colonies, que l'avidité des colons européens retient encore dans les chaînes de l'esclavage. La société des Amis des Noirs n'a pu voir sans indignation que, pour amasser des lin-

gots d'or, nos barbares planteurs fissent inso-
lemment le trafic de chair humaine. Mirabeau
a publié, sur ce négoce honteux, des écrits qui
marquent les colons du sceau de l'infamie, et
qui couvrent de gloire le grand-homme qui les
a conçu. Vous savez, mes Frères, ce que sont
ces colonies; ce sont des îles correspondantes
avec la métropole, et qui se trouvent habitées
par des hommes de trois espéces différentes, des
blancs, des mulâtres libres, et des noirs esclaves.
Le Ciel plaça les nègres sur les côtes brûlantes
de l'Afrique; ils vivent là en sauvages; ils sont
heureux. De féroces européens ont imaginé d'aller arracher ces malheureux de leurs cabanes,
pour les transplanter dans les colonies: ils les
volent à leur famille, à leur pays; ils les pren-
nent, comme le chasseur prend la bête fauve;
ils en font une vile marchandise, et les chargent
sur des vaisseaux. La traversée est toujours mor-
telle; l'air contagieux qu'on respire sur les vaisseaux négriers y répand la peste et la mort: ces
cargaisons humaines sont pourries, sont avariées
quand on les décharge. Arrivés dans les îles,
ceux qui ont échappé à la putréfaction sont trai-
tés comme des brutes; les humiliations, le travail, le fouet, voilà leur partage. Le laboureur de
nos campagnes a plus de pitié de son bœuf, que
ces planteurs n'en ont de ces malheureux. On a

vu des colons mutiler et assassiner leurs esclaves.

Les mulâtres sont des hommes libres, comme les blancs ; ce sont les naturels du pays : ils sont aux colonies ce que nous sommes à la France.

Quant aux colons blancs, ce sont pour la plupart, des brigands avides, des Européens insatiables, qui ne vont passer quelques années de leur vie dans les îles, que pour y amasser des richesses, au détriment de l'humanité, afin de reparoître ensuite avec insolence dans la métropole, où nous les voyons se livrer à tout ce que la débauche a dè plus dégoûtant, de plus crapuleux.

Or deux grandes questions se sont présentées à l'assemblée nationale, celle de savoir si l'on aboliroit la traite et l'esclavage des noirs ; et celle de la liberté politique des gens de couleur libres. L'humanité, la philosophie disoient assez que la traite étoit incompatible avec le règne de la liberté ; que l'esclavage étoit anéanti par l'effet seul de la déclaration des droits de l'homme : cependant des circonstances particulières, l'intérêt passager de nos villes maritimes, ont décidé l'assemblée nationale à ne point aborder cette question.

Quant à ce qui regarde la liberté politique des gens libres de couleur, il paroissoit aux vrais amis de l'humanité, de la liberté, que ce seroit outrager la nature, renverser la constitution, déchirer la déclaration des droits, que de supposer un instant qu'ils ne jouissent pas de toute l'intégrité de la *citoyenneté;* cependant ces infortunés n'ont pu faire prononcer par le sénat qu'ils étoient hommes, qu'ils étoient citoyens. Une cabale effroyable s'est élevée contre eux, et le comité colonial de l'assemblée nationale leur refuse ce que leur avoit accordé cet infame despote, connu sous le nom de Louis XIV.

Vous sentez, mes Frères, vous qui ne connoissez d'autre loi que celle de l'égalité, qui ne voyez dans l'homme, quel qu'il soit, que votre frère, vous sentez combien ces systêmes d'oppression ont dû révolter la grande ame de Mirabeau! La philantropie dont la société des Amis des Noirs fait profession, lui dicta un travail qui, seul, le conduiroit à l'immortalité, s'il étoit connu; un travail qu'il se proposoit de lire à l'assemblée nationale; un travail que la cabale l'a empêché de faire connoître, en fermant la discussion avant de l'ouvrir; un travail que le grand-homme lut à la société des Amis de la Constitution, et dont la mémoire sera toujours présente à ceux qui l'ont entendu. Un seul trait de ce discours suffira pour attester sa réputation de grand-homme, et lui justifiera le surnom de Démos-

thènes français. Après avoir parlé de l'horreur
de la traite, de l'insatiable avarice des planteurs,
des désavantages moraux et politiques des colonies, Mirabeau représente, qu'au lieu d'employer une prime de plusieurs millions à l'infame négoce de chair humaine ; au lieu de faire
labourer des terres ingrates, par des hommes ; au
lieu de dégrader l'humanité, par la dégradation
de cinq cent mille de ses membres, il seroit bien
préférable d'établir des manufactures, des atte-
liers, de vivifier le commerce national, de cou-
vrir les mers de vaisseaux marchands, d'aller né-
gocier avec les Africains, mais d'objets négocia-
bles ; d'ouvrir les entrailles de la terre, et d'en
extraire, à plaisir, les mines de ce métal corrup-
teur, de ce métal qui fait le malheur de la terre.
Ici, Mirabeau s'adresse aux planteurs, et il leur
dit : « Suivez mes conseils, abandonnez la traite ;
» faites le commerce que je vous indique, et vous
» profiterez davantage ; vous gagnerez de l'or....
» oui, de l'or..... ; entendez-vous, marchands
» d'hommes ? de l'or ! »

Mais, hélas ! les misérables ne l'ont pas voulu ;
l'or pur ne leur suffit pas ; c'est d'or mêlé de
sang qu'ils se repaissent. Dieu ! jusqu'à quand
laissera - tu cette coupe abominable entre des
mains antropophages ? jusqu'à quand leurs lèvres
seront-elles teintes de la limphe de ces malheu-

reux

reux Africains ! Mais laissons ces objets d'horreur inexprimable ; elle ajouteroit encore aux
regrets d'avoir perdu l'un des vengeurs de l'humanité outragée.

Un autre mouvement oratoire, qui fit l'admi-
ration de la France, c'est celui d'une de ces uti-
les séances, consacrées à la discussion sur les
biens du clergé, sur les moyens infernaux qu'il
employoit pour allumer la torche du fanatisme,
et livrer la république à toutes les horreurs de la
guerre civile. D'un seul trait, l'orateur peignit
cet indicible fléau : il étoit à la tribune ; les yeux
de l'assemblée étoient fixés sur lui. Il se tourne
majestueusement vers le Louvre, et s'écrie: « Je
» vois d'ici la fenêtre d'où Charles IX lançoit lui-
» même un plomb meurtrier sur *ses sujets*». L'assemblée demeure interdite, et cette image frap-
pante la décide à mettre un frein à la fureur des
prêtres.

Rappellons-nous le service essentiel que Mirabeau rendit à l'état, en décidant l'assemblée en
faveur de l'émission de cette monnoie-papier,
qui nous tient aujourd'hui lieu de monnoie
d'argent, qui ramène parmi nous la circulation,
qui facilite la vente des biens nationaux, et qui
nous met pour jamais à l'abri de la banqueroute.
Oui, le décret des assignats a sauvé la France,
en déjouant les perfides manœuvres de ces acca-

C

pareurs de numéraire, de ces égoïstes barbares, de ces hommes à argent, qui ne cherchoient qu'à augmenter encore leur fortune particulière, sur les débris de la fortune publique.

Quant au systême monétaire, Mirabeau est celui qui l'a tiré du néant : jamais les peuples n'avoient cessé d'être le jouet des officiers des monnoies; d'un mot, Mirabeau les a pulvérisé : si son plan est suivi, et il le sera infailliblement, la régénération de cette partie essentielle des finances sera complette et au-delà des bornes de l'espoir public.

Dirons-nous aussi un mot de son projet sur les successions *ab intestat ?* C'est le plan le mieux combiné, le plus profondément réfléchi, qui ait honoré les annales de la législation. En le lisant, on se dit : Allez, jurisconsultes romains, vous n'étiez que des enfans, auprès de l'homme de génie que nous regrettons en ce jour. Enfin, nous pouvons dire qu'il étoit si vaste en génie, que rien ne lui étoit échappé des connoissances humaines. Comme il possédoit l'art du cœur humain ! comme il étoit profond en politique ! comme il étoit savant dans tous les genres ! comme il étoit sublime dans ses élans! et il est mort ! ! !

O Dieu, qui nous l'avois donné, pour nous servir de fanal ! Dieu de la liberté , éclaire-nous

donc toi-même , dans la route qu'il nous reste à
parcourir !

Mes Frères , j'ai essayé les détails de sa mort ;
mais, hélas ! ma sensibilité se refuse à les tracer.
Et la vôtre ! ne dois-je point aussi la respecter ?
Vous avez été les témoins du deuil public ; vous
le portez encore dans votre cœur , vous le por-
terez toujours. Tremblez , despotes de tous les
genres, votre empire est détruit ; car les peuples
honorent vos victimes ! Si la France libre a fait
un manifeste de paix à l'univers , la France en
deuil fait un manifeste de résistance à tous les
tyrans : qu'ils viennent les satellites de Léopold,
qu'ils viennent, ces brigands fugitifs que nous
méprisons; qu'ils viennent..... et qu'ils mesurent
notre juste haine , sur la reconnoissance de la
nation pour le frère d'un de leurs dignes sup-
pôts. Quant à nos forces , elles sont telles , que
toutes les puissances du monde ne sauroient les
égaler.

Mirabeau ! ce n'étoit point assez pour ta
gloire d'avoir efficacement contribué à ces su-
blimes décrets qui honorent l'assemblée nationale de France , ta mort lui en a fait porter un
autre , qui , en te plaçant parmi les grands-
hommes qui ont illustré ce globe, place le sénat lui-même au-dessus de toutes les institutions
humaines. Le décret du 3 Avril de l'an II fait

ton apothéose, et ton apothéose fait l'apothéose de l'assemblée nationale.

Quelle perte pour la France! quelle perte pour l'univers! Moissonné à l'âge de 42 ans; que seroit-il donc devenu? Mais, mes Frères, l'humanité à ses bornes; à 42 ans, Mirabeau avoit fourni la plus vaste carrière : et qui de nous refuseroit de mourir demain, s'il pouvoit aujourd'hui servir son pays avec autant de succès que l'a fait Mirabeau? La mort n'est rien ; c'est une dette que l'on paie à la nature : la vie seule est quelque chose. La plupart des hommes , les esclaves sur-tout , meurent en vivant, et Mirabeau vit en mourant. Oui, il vit; il est immortel; le marbre fera passer ses traits à la postérité ; le livre de la constitution française fera passer son génie à nos descendans les plus reculés. Il vit; il est là ; il y sera toujours, parce qu'il a employé son grand génie au bonheur de l'humanité.

F I N.

www.ingramcontent.com/pod-product-compliance
Lightning Source LLC
LaVergne TN
LVHW011452170726
843501LV00009B/3378